AFFAIRE

DU CARLO-ALBERTO.

AFFAIRE
DU CARLO-ALBERTO.

DÉFENSE

DE

M. ADOLPHE DE BOURMONT,

Par Me d'Isoard-Vauvenargues,

AVOCAT A LA COUR ROYALE D'AIX.

PARIS.

IMPRIMERIE D'ADRIEN LE CLERE ET Cᵒ,

QUAI DES AUGUSTINS, Nᵒ 35.

—

1833.

AFFAIRE
DU CARLO-ALBERTO.

DÉFENSE
DE M. ADOLPHE DE BOURMONT,

PAR Me D'ISOARD-VAUVENARGUES,

AVOCAT A LA COUR ROYALE D'AIX (*).

MESSIEURS LES JURÉS, MESSIEURS DE LA COUR,

Si c'est un devoir à l'accusé de prêter
à la justice, afin qu'elle accomplisse son
auguste mission, tous les moyens qui dé-

(*) La partie de ce plaidoyer, qui ne se trouve
pas dans les comptes-rendus de ce procès, n'a pas
été prononcée à l'audience afin d'abréger les débats.

pendent de lui; si l'accusé, placé en présence de ses juges, leur doit une réponse à toute interpellation qui a pour but d'éclairer leur religion et d'opérer la manifestation de la vérité, c'est un devoir aussi pour le citoyen de repousser avec force l'arbitraire et l'illégalité, et de protester énergiquement contre toute violation de la loi, commise à son préjudice. C'est ainsi que M. Adolphe de Bourmont, qui m'a fait l'honneur de me confier sa défense devant vous, capturé, au mépris de toutes les règles du droit des gens, en mer, sur un vaisseau étranger couvert et protégé par le pavillon d'une puissance neutre et amie, arrêté en violation des lois saintes de l'hospitalité, lorsque la force majeure, la crainte pressante du naufrage l'avoit contraint de se rapprocher des côtes de France, a dû protester contre un acte qui lui a paru révoltant d'arbitraire et d'illégalité.

Toutefois, messieurs les Jurés, veuillez bien ne point voir dans le silence de mon client l'intention de se soustraire à une décision de la justice; surtout n'y voyez pas le désir de vous contester le droit de prononcer sur son sort. Loin que telle ait jamais été sa pensée, il a, au contraire, appelé de tous ses vœux votre jugement; il a hâté de tous ses désirs le moment où il devoit enfin comparoître devant vous, et j'en tire la preuve d'une pièce qui se trouve dans la procédure : je veux parler d'une sommation qui fut faite par lui et par quelques-uns de ses compagnons d'infortune à M. le procureur-général près la cour royale d'Aix, pour obtenir de lui qu'ils fussent transférés le plus promptement possible devant les assises de la Loire.

Ainsi donc, Messieurs, vous le voyez, M. Adolphe de Bourmont a cru devoir protester contre tout acte émanant d'une

autorité qui elle-même tient sa délégation
du pouvoir, parce que, le pouvoir ayant
violé la loi à son égard, tout ce qui émane
du pouvoir est censé l'avoir violée aussi ;
mais en vous, messieurs les Jurés, il a
vu au contraire ses juges naturels, parce
que vous ne tenez votre délégation que
de la loi. Je vais plus loin, et je dis que,
s'il y eût eu nécessité (et parce que la
nécessité ne fait jamais obstacle au droit),
il n'eût pas hésité à répondre au magis-
trat. Mais tout avoit été éclairé par les
réponses de MM. de Saint-Priest, Sala,
de Ferrari, et par celles de Mlle Lebes-
chu ; la lumière avoit pénétré dans tous
les replis de la procédure ; aucune diffi-
culté n'étoit restée sans solution, toute
question avoit été épuisée ; dès lors ses
réponses devenoient inutiles, et son silence a eu le double effet d'épargner des
momens si précieux pour vous et de conserver des droits sacrés pour lui. C'est

donc à vous, messieurs les Jurés, qui représentez ici le pays, que M. Adolphe de Bourmont veut exposer, par mon organe, les motifs de sa conduite. C'est à vous qu'il demande justice, c'est vous qu'il choisit pour arbitres entre le pouvoir et lui.

Certes, Messieurs, je pourrois aussi commencer cette défense en vous traçant un noble tableau, si je voulois vous parler de mon client, et vous peindre ses vertus privées ; mais je veux être court et ménager votre temps ; j'ai hâte d'aborder sur-le-champ la cause elle-même. Je n'entrerai pas davantage dans la discussion des questions de droit si graves, si profondes et si éloquemment débattues devant vous, bien qu'elles se rapportent toutes aussi à la position de mon client. Que pourrois-je en effet ajouter de force aux paroles puissantes que vous avez entendues? Que pourrois-je ajouter à la conviction qui sans doute vous a déjà pénétrés ? Je me bornerai donc à déclarer que j'adhère de toutes mes forces à tout ce qui vous a déjà été dit sur ce point.

Lorsque j'ai entendu adresser pour la première fois à mon client cette interpellation : « Accusé Adolphe de Bourmont, levez-vous, » vous le dirai-je, Messieurs, mon imagination abusée m'a représenté l'armée d'Afrique tout entière se levant tout à coup avec lui, et demandant à partager le sort du fils de son ancien général. J'ai vu la Victoire elle-même accourir pour protéger sa tête en la ceignant des lauriers de son père ; et dès lors j'ai compris qu'il entroit dans le plan de ma défense de vous parler de ce fait si éclatant de notre gloire récente qui le pare si naturellement, et semble le protéger.

Je serai bref et rapide ; mais permettez-moi de reporter vos souvenirs à une époque que quelques années séparent à peine de nous, et que tant et de si graves événemens semblent avoir déjà éloignée de plus d'un siècle.

Je veux vous parler de ce temps où la France, arrivée au plus haut point de prospérité connu chez une nation, respectée par les puissances voisines, dont elle étoit l'arbitre, forte de l'union de la presque unanimité de ses citoyens et de la fidélité de sa jeune et brave armée, voulut enfin venger le nom français qu'avoit osé outrager un pirate, qu'une ville réputée imprenable, des côtes hérissées d'écueils et une mer orageuse rendoient audacieux.

Quel beau, quel noble spectacle la France donna à l'Europe, au monde entier, lorsque, élevant sa querelle à la hauteur des plus grands intérêts, elle confondit avec sa propre cause celle de la civilisation, celle de l'humanité tout entière! Vous rappelez-vous, Messieurs,

quel élan d'enthousiasme suscita dans tous
les cœurs ce premier cri d'une guerre
dont l'instinct national sembla deviner
toutes les conséquences heureuses? En-
tendez-vous encore ces acclamations des
soldats, ce long cri d'adieu qui s'élève du
sein de cette immense population accou-
rue de tous les points de la France sur les
côtes de notre Provence, au moment où,
le vent favorable remplissant enfin les
voiles, on vit la flotte se détacher du rivage, et s'élancer dans le sein des mers?
Comme alors, Messieurs, à des espérances
brillantes et pleines d'avenir, vinrent se
joindre tous les souvenirs de nos ancien-
nes gloires! Comme nos cœurs, palpi-
tans de sympathie pour le sort de nos
frères, les suivoient avec une inquiète
sollicitude au milieu des dangers de la
mer! Vous rappelez-vous comment, sur
le point d'atteindre à l'accomplissement
de leurs vœux, en vue de la ville orgueil-

leuse qui avoit osé braver la France, tout à coup s'élèvent et accourent du fond des déserts des vents qui repoussent au loin nos vaisseaux, et semblent vouloir combattre contre nous pour le barbare qui règne sur ces sables arides? Comme ils se plaisent à augmenter nos vives alarmes! comme ils semblent se jouer avec une cruelle intelligence de l'ardeur impatiente de nos jeunes soldats, tantôt en leur laissant apercevoir le rivage ennemi, tantôt en les en éloignant davantage encore.

Enfin le grand jour si impatiemment attendu est arrivé, et la flotte sur la côte d'Afrique développe dans les airs sa noble couleur, l'étendard de saint Louis, la blanche bannière qu'autrefois d'autres fils de la France, conduits par le saint roi, plantèrent sur le même rivage. A cette vue, l'armée s'ébranle et se précipite sur la côte; alors s'y élance aussi le général, orgueilleux d'offrir à la France ses quatre fils prêts à combattre autour de lui pour la gloire de la patrie.

Messieurs, vous n'attendez pas sans doute que je vous raconte ces combats sans nombre, ni ces dangers sans cesse renaissans qu'eurent à supporter nos soldats, ni tant de victoires qui signalèrent chaque jour. Je ne vous représenterai pas le farouche Bédouin, fuyant épouvanté dans les profondeurs de l'Atlas, à la vue de nos bataillons, se répandant dans la campagne, et marchant comme un seul homme. Je ne vous peindrai pas son effroi, lorsqu'il vit notre artillerie le poursuivre jusque dans les ravins les plus profonds, s'élever avec lui jusqu'au sommet des montagnes, et partout lui lancer la terreur et la mort. Les noms de Sidi-Ferruch, de Staouéli, de Mestijiah, alors barbares, mais devenus Français et populaires depuis que la gloire nationale les a adoptés, nous parleront

bien plus éloquemment que ne pour-
roient faire mes paroles.

Cependant, Messieurs, veuillez don-
ner, je vous prie, un souvenir plus par-
ticulier à la journée du 24 juin. Dès
l'aurore, les sentinelles avancées avoient
vu un grand nombre d'Africains se ré-
pandre dans la campagne, se glisser le
long des haies d'arbousiers, et les premiers
feux du matin faisoient scintiller de toutes parts les armes étincelantes. Déjà une
partie de l'armée s'est mise en mouve-
ment, et a bientôt repoussé devant elle
cette nue indisciplinée. Mais un nombre
considérable de Bédouins s'étoient re-
tranchés dans une maison isolée, d'où
ils dirigeoient sur nos braves un feu meur-
trier. Bientôt (on ne sait comment la
nouvelle en arrive) le bruit se répand
dans le camp que l'armée a fait des per-
tes cruelles, qu'une compagnie de vol-
tigeur, vient d'être presque entièrement

détruite. « Aux armes ! » crie-t-on de toutes parts ; « aux secours de nos frères ! » et tous se précipitent ; on met de l'ordre dans cet empressement général. Une compagnie de grenadiers est envoyée au secours de ceux qui se trouvent dans un si grand péril. Celui qui la commande est un jeune guerrier plein d'avenir pour sa patrie, la plus douce espérance de sa famille, brave soldat, généreux camarade, il étoit estimé et chéri de tous. A peine arrivés sur le lieu fatal, huit grenadiers sont frappés de blessures mortelles ; nos soldats sont intrépides, leur jeune officier les encourage par ses paroles, les excite par son geste, les entraîne par son exemple ; mais il tombe à son tour, un plomb mortel a frappé sa poitrine..... C'étoit Amédée de Bourmont !... La nouvelle s'en répand bientôt et va porter la consternation dans le camp ; les bulletins officiels la publient aussi dans toute la France, et la portent aux pieds du monarque. Il en fut vivement ému, il se hâta d'envoyer au jeune brave le prix de son sang, le signe de l'honneur; mais, hélas, il ne se hâta point assez encore : quand cette noble récompense arriva, les illusions trompeuses du père étoient cruellement détruites, et la croix qui devoit briller sur la poitrine du soldat n'a servi qu'à décorer son cercueil.

Peu après le général écrivoit :

« La plupart des pères de ceux qui ont versé leur sang pour le roi et la patrie seront plus heureux que moi. Le second de mes fils avoit reçu une blessure grave dans le combat du 24; lorsque j'eus l'honneur de l'annoncer à votre Excellence, j'étois plein de l'espoir de le conserver: cet espoir a été trompé, il vient de succomber. L'armée perd

4

*un brave soldat, je pleure un excellent
fils.* »

Simples et nobles paroles, qui ne peuvent s'être échappées que d'un cœur généreux! Dignes de la noble simplicité des temps anciens, la France les a admirées, l'histoire les a consignées dans ses annales, et la haine des partis sembla un instant suspendue devant cette touchante et profonde douleur d'un père.

Cependant la marche de l'armée ne s'est point ralentie ; après d'incroyables travaux, de surprenans triomphes, elle arrive enfin sous les murs de la ville, et Alger-la-Superbe, qui avoit vu reculer devant elle tout l'orgueil britannique, se briser à ses pieds toute la puissance de Charles-Quint, Alger tombe à son tour devant la valeur française.

Vous souvient-il du long cri d'admiration qui s'éleva alors de toutes parts et auquel s'associèrent tous les peuples de l'Europe! La France vient de conquérir un continent à la civilisation; en l'arrachant à la barbarie elle a purgé à jamais les mers de la piraterie, et affranchi toutes les nations du globe du tribut honteux qu'elles paient depuis si long-temps à d'insolens pirates.

Ici, Messieurs, je pourrois m'arrêter, et me confiant aux sympathies que les souvenirs que je viens de vous retracer ont dû faire naître dans vos cœurs tout français et pleins d'amour pour la gloire de la patrie; je pourrois vous dire pour le fils du maréchal de Bourmont ce qu'un grand citoyen de Rome répondit à ses accusateurs : « *Il y a un an à pareil jour que j'ai vaincu Carthage; montons au Capitole et rendons grâce aux Dieux.* » Mais mon client veut que je détruise dans vos esprits jusqu'au plus léger soupçon de la culpabilité qu'on a voulu faire résulter d'un fait dont je trouverai la trop facile justification dans une suite de malheurs, dans une série de persécutions qui semblent être devenus l'apanage du nom qu'il porte, et qui poursuivent sans relâche sa famille depuis plusieurs années. Il me reste peu de choses à dire pour satisfaire à cette obligation.

Ah! Messieurs, le laurier a perdu son antique prestige, il ne préserve plus de la foudre, car c'est au moment où ces nouveaux lauriers viennent d'être déposés sur les degrés du trône, c'est tandis que les acclamations universelles éclatent encore dans les airs, mêlées aux chants joyeux, aux accens du triomphe que la foudre tombe, frappe et brise en éclats le trône antique de la vieille monarchie de nos pères.

Ce fut peu après qu'aux rives africaines on vit un homme quitter le camp à la dérobée et profiter de la nuit pour s'éloigner des bataillons français... C'est

Bourmont, c'est le général en chef qui les conduisit à la victoire ; il a caché son départ à ses compagnons d'armes, il n'a pas voulu voir leurs larmes, il a voulu leur dérober les siennes... Un autre est descendu sur la terre conquise ; à lui les honneurs ! à lui la gloire ! à lui les empressemens officieux ! Dépouillé de ses insignes militaires, devenu étranger au milieu de sa propre armée, Bourmont est contraint de fuir cette France nouvelle que son bras a conquis à la France. Plus de brillant état-major autour de lui ! ses fils l'entourent seuls et s'en vont partager son exil... Ses fils ! ai-je dit : mais il en avoit quatre quand il aborda aux rivages africains, je n'en vois que trois aujourd'hui ; en effet l'un d'entr'eux demeure. Que l'on refuse à l'armée victorieuse les récompenses qui lui sont dues ! que l'on cherche à voiler la gloire du vainqueur ! il reste *Amédée*, le généreux soldat, pour protester au nom de tous, pour porter témoignage aux générations futures ; il a scellé avec son sang la gloire de son père sur le sol algérien ; il a pris possession de la conquête ; on ne peut l'en arracher, lui ; il s'est marié avec la terre conquise ; il a mêlé sa cendre à la poussière d'Afrique, et long-temps, comme on lit encore sur les antiques monumens de la gloire de nos pères les noms qu'ils ont portés à l'immortalité, on lira sur la rive africaine, gravé par la baïonnette d'un brave sur la froide pierre d'un tombeau.... BOURMONT !...

Ainsi donc s'avance vers le rivage le nouvel Africain ; ce n'est plus une flotte pavoisée en signe de réjouissance qui l'attend ; c'est une simple barque, une barque étrangère qui le reçoit, lui, ses fils et sa mauvaise fortune.

Mais quel est ce fardeau qu'il tient dans ses mains et qu'il appuie contre son cœur ? c'est un trésor sans doute ; c'est sûrement le prix de la victoire, c'est la reconnoissance de la France. En effet, c'est le fruit de la conquête, c'est tout ce que le vainqueur emporte d'Alger..... c'est le cœur de son fils ! Ah ! du moins la patrie va ouvrir son sein pour recevoir ce reste précieux de l'un de ses enfans déchiré par le fer ennemi ! Que la terre de France soit légère pour lui ! De patrie ! il n'en a plus ! La France ! elle le repousse ; elle n'a pas même un peu de terre pour la jeter sur le cœur du brave et le faire reposer en paix ! L'exil au vainqueur d'Alger ! l'exil à ses fils ! l'exil au cœur d'Amédée ! et le guerrier, que rejette sa patrie, s'en va demander à l'étranger un abri, un asile.

L'Espagne avoit compris toute l'utilité de la conquête d'Alger pour son commerce, pour son industrie. Plus que les autres encore, ses côtes étoient infestées

par la piraterie ; elle s'associa avec enthousiasme au triomphe du vainqueur,
au bonheur de la France. Le maréchal
de Bourmont alla lui demander l'hospitalité, et elle la lui accorda avec empressement ; mais bientôt les haines politiques l'y poursuivirent, et devenue
ingrate par foiblesse, à l'instigation de
la France, elle le repoussa aussi, et le
guerrier, se livrant de nouveau à la fortune des mers, alla chercher sur une
autre rive une hospitalité plus courageuse.

Les haines politiques, Messieurs, sont
implacables, et elles ne sont satisfaites
que lorsqu'elles ont écrasé leur victime.
Ni la gloire nouvelle qu'il venoit de ré-
pandre sur nos armes, ni le sang de son
fils versé pour la France n'avoient pu
détruire les préventions des partis. La
calomnie s'étoit mise à poursuivre jusque dans l'exil le vainqueur d'Alger ;
déjà la renommée faisoit voler de toutes

parts les mots de concussion, de détour-
nemens de fonds. Le guerrier calomnié
vouloit attendre sa justification du temps,
qui trop souvent ne fait que sanctionner
l'injustice de l'opinion publique, et ne
parvient pas toujours à triompher des
préventions qu'il finit quelquefois par
rendre indestructibles ; mais dans cette
circonstance les faits eux-mêmes se char-
gèrent de la justification, et l'on apprit
bientôt que le vainqueur d'Alger, que
celui qui venoit de verser plus de cent
millions dans le trésor de la France ;
celui qui avoit ouvert de nouveaux dé-
bouchés à notre industrie, de nouvelles
relations à notre commerce, vivoit dans
une noble, dans une glorieuse pauvreté,
j'ai presque dit dans le dénûment, et
que ce trésor, le seul prix de la victoire,
le seul fruit de la conquête, c'étoit le
cœur de son fils.

Dans cette position de fortune, vous le

conceveᵶ facilement, messieurs les Jurés, M. de Bourmont ne pouvoit négliger des intérêts considérables qu'il avoit laissés en souffrance en Espagne, lorsqu'à l'excitation d'une politique ombrageuse, cette Puissance lui retira l'hospitalité qu'elle lui avoit donnée un instant. Alors M. de Bourmont envoya en Espagne, pour y suivre ces mêmes intérêts, l'un de ses fils; mais les mêmes susceptibilités diplomatiques se réveillèrent, et nous lûmes dans tous les journaux du temps ce que rapportoit aussi le *Constitutionnel* du 28 mars 1832; je vais le mettre sous vos yeux :

(Ici, Mᵉ d'Isoard donne lecture d'un passage du *Constitutionnel*, dans lequel on raconte comment M. Louis de Bourmont, fils aîné du maréchal, se trouvant en Espagne, reçut du gouvernement espagnol l'ordre de quitter ce royaume.)

Il falloit donc abandonner des affaires pressantes qui réclamoient la présence de l'un des fils du maréchal, ou trouver le moyen de ne pas exciter les craintes d'une politique si ombrageuse. Ce fut alors qu'Adolphe de Bourmont se rendit en Italie, y vit M. le duc d'Almazan qui alloit en Espagne, se plaça sous sa protection, et trouva le moyen, sans déguiser son nom, d'éviter qu'il fût écrit sur un passeport et que l'ambassade le connût.

Vous savez, Messieurs, tous les détails du voyage ; je n'ai pas à vous en entretenir, et vous comprenez très-bien comment depuis, tant de puissans motifs empêchant M. le duc d'Almazan de débarquer à Roses, et le déterminant à retourner en Italie, M. Adolphe de Bourmont n'a pu descendre seul sur le territoire espagnol, sans protecteur, sans passeport; et comment il s'est trouvé contraint de suivre la fortune de celui sous le patronage duquel il s'étoit placé.

Hé! Messieurs, quelle explication plus naturelle, plus franche et plus nette du seul fait accusateur qu'on ait reproché à mon client? Je me trompe, il en est un autre encore : c'est une pièce qui a été produite dans les débats, je veux parler d'un projet d'organisation des gardes nationales mobiles ; il est vrai qu'on y avoit tant de confiance qu'on n'a pas osé en faire usage dans les réquisitoires ; mais moi, Messieurs, je m'empare de cette arme échappée à la main découragée du ministère public, et je m'en fais un moyen de défense : Je n'ai point vu cette pièce, elle n'a pas été représentée à mon client ni à moi-même ; je n'ai pas demandé à M. de Bourmont s'il lui convient de l'accepter ou de la dénier, mais qu'importe ; je l'accepte telle que le ministère public nous l'offre.

Nous serons large dans la défense. Voulez-vous que cette pièce soit d'Adol-

phe? hé bien! je le veux avec vous. Voulez-vous que j'en reconnoisse l'écriture ?
hé bien! je la reconnois avec vous. C'est
un plan d'organisation qui devoit se
réaliser en France, dira l'accusation ; il
comptoit donc y rentrer. — Oui, certes,
il y comptoit : c'étoit la préoccupation de
tous ses jours, les rêves de ses nuits.
Croyez-vous donc qu'à vingt-trois ans
on renonce à sa patrie ? Pensez-vous qu'à
vingt-trois ans on s'habitue à l'exil ?
qu'on croie avoir dit un éternel adieu à
son pays, à ses amis, au tombeau de ses
pères ? Non, Messieurs, non ! Adolphe
de Bourmont n'avoit pas renoncé à la
France ; la revoir un jour, c'étoit le vœu
le plus ardent de son cœur. Mais, dites-
vous, il s'agissoit d'une organisation militaire. Eh ! quoi d'étonnant, je vous le
demande, qu'un jeune officier, qui vient
de faire ses premières armes, dont le
cœur est plein d'amour pour le noble

métier de la guerre, rêve de combats, de gloire et d'organisation militaire? Mais, veuillez le remarquer, il s'agit d'une organisation de gardes nationales mobiles; et qui ne sait que cette institution n'a jamais eu pour but que la défense du territoire? Dès lors, j'ai le droit de conclure de cette pièce, que Bourmont repoussé par sa patrie, au lieu de songer à une agression contre elle, ne pensoit qu'à sa défense, et qu'au premier cri de guerre, à la vue du premier soldat étranger qui eût mis le pied sur le sol français, il fût accouru, son projet à la main, eût redemandé son épée et et eût voulu mourir en France, pour l'indépendance de sa patrie comme son frère est mort pour la gloire sur la terre d'Afrique.

Voilà, Messieurs, ce conspirateur que depuis plus de dix mois l'on traîne de prison en prison, qu'on abreuve de tous les dégoûts de la captivité ! Voilà l'homme sur lequel on fait peser aujourd'hui les plus graves, les plus odieuses accusations ; qu'on vous représente comme coupable de complot, d'attentat contre la France ; qu'on accuse d'avoir voulu armer ses concitoyens les uns contre les autres et d'avoir appelé le soldat étranger sur le sol sacré de la patrie !

Étrange fatalité ! inconcevable rapprochement ! En mai 1830, le brick français *l'Aventure* fait naufrage sur les côtes d'Afrique ; les Arabes, ignorant les lois de l'humanité et de la civilisation, se saisissent de l'équipage, le traînent à Alger et le jettent dans les cachots. Peu de temps après, le maréchal de Bourmont arrive avec son armée victorieuse ; devant lui tombent les portes de la ville, et le vainqueur brise les fers de nos malheureux compatriotes, les rend à leurs familles, à la patrie, à la liberté.

Au mois de mai 1832, de l'autre côté de la même mer, précisément en face d'Alger, une tempête jette sur la côte de France le fils du vainqueur d'Afrique, et, au mépris de l'humanité et de la sainte hospitalité, on le charge de fers, on le jette dans un cachot; mon client ne trouve dans sa patrie que dix mois de captivité! L'équipage de *l'Aventure* du moins connoissoit les côtes inhospitalières de l'A-frique, et ne pouvoit ignorer le sort qui l'y attendoit; mais sur la côte de France, sur la terre de la patrie, Adolphe de Bourmont pouvoit-il supposer qu'il trouveroit des fers plus cruels que ceux que son père avoit brisés? Mais du moins les farouches Arabes ne déguisoient ni leur joie barbare, ni leurs projets de vengeance à la vue du naufrage qui alloit leur livrer une proie! En France, la ruse et la perfidie se font les complices de la tempête! Exemple qu'on ne trouve que

chez des peuples plus barbares encore
que ceux qui habitent l'Afrique, et qui,
dans les nuits orageuses, allument sur
les écueils des feux trompeurs pour atti-
rer les étrangers dans l'abîme, et les faire
périr.

C'est à vous, messieurs les Jurés, qu'il
appartient de briser les fers d'Adolphe
de Bourmont, comme son père et lui-
même brisèrent ceux de nos malheureux
concitoyens ; c'est à vous qu'il appartient
de venger aujourd'hui par votre verdict
l'oubli qui a été fait, à son égard, de toutes les lois que respectent les nations ci-
vilisées, comme son père et lui-même
vengèrent l'humanité et la civilisation.

Le ministère public vous l'a dit, Messieurs, nous aussi nous pouvons vous le
dire : cette cause a soulevé bien des pas-
sions politiques. Ah! nous en avons l'as-
surance, si l'on a cherché à insinuer dans
vos ames quelques préventions, si l'on a

osé vouloir les faire tomber sur la tête de mon client, vous les avez repoussées avec indignation. Vous ne verrez ici qu'un jeune homme de vingt-trois ans, qui n'a donné jusqu'à présent que des preuves de dévouement à sa patrie, et qui est, *quand même*, toujours prêt à verser son sang pour elle. Au moment où vous allez prononcer sur son sort, comment pourrois-je mieux vous exprimer la confiance que j'ai en votre justice qu'en vous répétant les nobles paroles qu'il a dites lui-même : « *Jamais je ne reculerai devant mon pays; j'ai constamment appelé sur ma vie le jugement de mes concitoyens.* »

FIN.